www.ter

Edizione e Produzione

Benvenuto\a,

voglio ringraziarti per aver contribuito alla mia opera di diffusione di testi di interesse storico, filosofico e metafisico; opera e passione che coltivo insieme agli articoli che pubblico all'interno del mio sito:

www.templumdianae.com

I miei libri sono prodotti e stampati grazie al contributo delle opere di Distribuzione di Amazon dedicate a questo scopo, permettendomi di proporre contenuti a prezzi più modesti ed abbordabili ai lettori, e facendo affidamento anche alla filiera di distribuzione della stessa azineda.

Tengo particolarmente a mantenere un rapporto vivo e diretto con i miei lettori, sono facilmente raggiungibile all'indirizzo della mia pagina facebook:

https://www.facebook.com/templumdianae

oppure al seguente indirizzo email:

- info@templumdianae.com

Se questo libro dovesse essere di tuo gradimento mi farebbe molto piacere se lo consigliassi o lo condividessi con qualche tuo caro amico, così da contribuire attivamente all'opera e alla diffusione delle opere di interesse socio – antropologico.

Questo Libro Rispetta L' Ambiente!

Questo libro viene prodotto, stampato e distribuito
solo su ordinazione!

Contribuendo così ad evitare lo spreco di risorse,
l'inutile abbattimento di alberi per la produzione di
carta, ed evitando infine lo stoccaggio di risorse in
costosi e inquinanti magazzini di cemento!

Templum Dianae

il progetto "Templum Dianae" nasce definitivamente il 13 agosto 2013, dall'unione dei progetti "Ordo Runicus" (2010), ex - associazione dedicata allo studio dell' antropologia Italiana e delle culture colonizzatrici (dall'età del bronzo fino all'età dell'invasioni normanne), e dal progetto " il Bosco di Pan"(2012) , progetto per la divulgazione e sostegno delle opere e degli artisti in ambito Filosofico e Metafisico.

Oggi Templum Dianae vanta molti anni di attività, collabora attivamente con diverse realtà esterne e con diversi autori...

Tutti partecipano attivamente alla realizzazione e alla crescita del progetto, contribuendo con la propria esperienza, il proprio sapere, a una realtà che vanta di essere veramente alternativa e trasversale rispetto a quanto è possibile comunemente trovare...

Il nostro comune Impegno è quello di poter offrire e condividere una fonte di sapere inalienata rispetto alla speculazione fantastica o materiale, intima invece, agli ambienti della tradizione popolare, storica, filosofica e spirituale nonché metafisica dei popoli Europei, senza per questo eccedere in atteggiamenti zelanti di integralismo o fanatismo.

La Nostra Visione

nel nostro immaginario esiste un futuro non molto lontano, dove le persone possono esprimersi liberamente, dove scienza e metafisica possono collaborare insieme per creare non solo una visione ma bensì una dimensione "Olostica" del vissuto, comprendente sia l'esperienza fisica che quelle dimensioni più intime e in relazione all'animo umano.

questo futuro è "già qui ed ora" è possibile apprezzarlo nei gesti di moltissime persone, è sarà sempre più "presente nella dimensione del presente".

La nostra Missione

vogliamo creare e stiamo creando un progetto editoriale, per dare una direzione chiara al mondo delle tradizioni filosofiche .

L'esigenza nasce dal fatto che in questi settori purtroppo spesso le informazioni sono poco chiare, poco attendibili o in mano a speculatori e ciarlatani.

Il nostro comune intento è quello di voler promuovere una sana informazione , rendendola fruibile anche alle persone comuni, o a tutti coloro che sono interessati agli argomenti che orbitano attorno alla dimensione Metafisica.

INTRODUZIONE ALL'OPERA

La nostra cultura contemporanea, passando
dalle mostre museali fino agli spettacoli
televisivi, è permeata di elementi della cultura
appartenente all'evo antico: sono moltissimi i
Riferimenti agli Antichi Romani, agli Etruschi o
ai Greci.

un elemento molto importante comune a queste
tre culture, non è solo il dominio politico-
culturale dell'area Mediterranea, ma la
condivisione di elementi socio antropologici (usi
e costumi) e Teurgici (la Religione la
spiritualità).

Tra questi ovviamente spiccano il Pantheon, i
miti e le leggende del mondo Antico, passando
per le imprese di Heracle o Hercules , sino ai
miti che parlano delle Divinità dell' Antica
Grecia.

Ad oggi i testi a noi pervenuti sono molto pochi e spesso frammentari, tuttavia se volessimo identificare un testo, quasi di riferimento, che parla delle Divinità dell'antica Grecia, possiamo identificare quel Testo nella Teogonia scritta da Esiodo da Ascra.

Che cos'è La Teogonia

La Teogonia di Esiodo è un poema mitologico Greco, o meglio è il poema

mitologico Greco, in cui viene enarrata la storia e in particolare la genealogia nonché la genesi degli Dei classici; dal Χάος (chaos) sino alla supremazia Olympica di Zeus.

La Teogonia in greco antico: **Θεογονία**, *Theogonía*, nasce dall'unione delle Parole Theoi – Divinità e Genesi – Nascita , e letteralmente può essere tradotto in: **nascita degli Dei o Genitori degli Dei**

Il testo infatti parla delle genealogie divine, dei principali Attributi delle Divinità, della nascita dei Titani, dei Giganti, degli Dei e degli Eroi.

Questo Testo rivela essere molto importante dal punto di vista storico culturale, infatti può essere identificato come un tentativo di

13

raccogliere, catalogare e infine inserire in un ordine crono storico diversi miti minori dell'area Greco- Mediterranea.

Analisi del Testo

La Teogonia Di Esiodo è un poema Mitologico ,una composizione letteraria in versi, di carattere narrativo il cui tema centrale è Il Mythos della Genesi dell'universo e degli Dei.

I 1022 esametri che compongono il ciclo Teogonico, forse primo tra i cicli che compongono il "ciclo Epico", sono datati intorno VIII-VII secolo a.C; tramandati
dalle opere medioevali Bizantine, vengono principalmente attribuiti a Esiodo,
poeta Greco di Ascra, ritenuto a seconda della tesi, precedente o contemporaneo
allo stesso Omero.

Poco o nulla rimane delle sue opere, la Teogonia, una delle opere più complete e caposaldo della produzione (probabilmente Orale) di Esiodo, viene qui presentata nella suddivisione del testo in 7 macrosezioni ispirata alla traduzioni dal greco, di Ettore Romagnoli (1929) grecista e letterato Italiano nato e vissuto a Roma (giugno 1871 – maggio 1938):

- il Proemio
- la genesi degli Elementi
- la discendenza di Cronos
- La discendenza dei Giapetidi
- la Titanomachia (guerra fra Dei e Titani)
- la TifonoMachia (guerra tra Zeus e Tifone)
- la Discendenza di Zeus

Il testo viene Introdotto dallo Stesso Esiodo, che invocando le Muse inizia ad introdurre i Temi centrali dell'opera, tuttavia in questa breve prefazione Esiodo "Firma il Poema" attribuendolo a Se stesso :

"Cominci il canto mio dalle Muse Eliconie...

...Quelle che canto bello d'Esiodo ispirarono un giorno.

mentr'egli pasturava le greggi sul santo Elicona..."

questa tipo di pratica molto inusuale per il periodo storico in cui la Teogonia viene proposto (circa 700 a.c.), costituisce un'eccezione letteraria , che a seguito della Teogonia tende a Diventare prassi, tra i poeti mediterranei.

il Tema della Teogonia

la Teogonia Di Esiodo propone una struttura del testo assai complessa, tanto da poter essere definita parimenti Poema mitologico e Ciclo Epico.

In essa sono presenti tematiche di Carattere metafisico e Filosofico come:

- la genesi dell'universo – Cosmogonia
- la genesi degli Elementi

tematiche di carattere Mitologico e Teurgico come :

- L'inno alle Muse
- L'inno a Hecate
- la geanologia degli Dei

ma anche tematiche di carattere Epico, dove lo Stesso Zeus assume non solo il ruolo di Padre e Reggente dell'Olimpo e per estensione delle

17

Divinità, ma egli stesso diviene condottiero ed Eroe tra gli Dei

Inoltre all'interno del ciclo Teogonico Zeus assume il ruolo di protagonista Principale:

- è Zeus a sfuggire a Crono
- è Zeus che uccide Crono
- è sempre Zeus che affronta e sconfigge Tifone

proprio per queste sue caratteristiche la teogonia può essere studiata, analizzata e inserita all'interno dei cicli Epici Indo-Europei, dove la struttura del testo ripropone sempre una schema centrale e ricorrente:

- la genesi degli elementi
- la genesi delle divinità ancestrali (i Titani)
- Gli Dei che sconfiggono i Titani
- il decadimento della società (le divinità che sfuggono da Tifone)

- la comparsa di divinità Infere, nate dai conflitti dell'Eroe
- lo scontro finale che vede le parti in gioco annullarsi
- la genesi dell'uomo

Secondo lo studio Archetipale proposto da Yung spesso identificato ne "il viaggio dell'Eroe" questo tipo di struttura, identifica un percorso sofico e spirituale in cui identificarsi e rendersi consapevoli, ripercorrendo nascita declino e impresa dell'eroe, come mezzo di infinito perfezionamento dell'Individuo.

ESIODO DA ASCRA

Esiodo -Ἡσίοδος, *Hēsíodos*; Ascra, metà VIII

secolo a.c. – VII secolo a.c. è stato

un poeta greco antico

Esiodo ha lasciato, all'interno dei suoi poemi,

alcune notevoli tracce autobiografiche che

aiutano a ricostruire le sue origini·

Per quanto riguarda la data di nascita, fin dall'antichità non si sa con precisione se porlo come precedente, contemporaneo o posteriore a Omero.

Erodoto risolse il problema considerandoli contemporanei:

"suppongo che Esiodo e Omero fiorirono non più di quattrocento anni prima di me"

Tuttavia, secondo quanto Esiodo stesso racconta, prese parte alle feste in onore del principe Anfidamante nell'isola di Eubea, dove partecipò a un agone in cui ottenne la vittoria ed un tripode in premio. È, quindi, riconosciuta dai critici moderni la collocazione di Esiodo intorno al principio del VII secolo a.C..

Principali Opere

- La Teogonia

- Le Opere e i Giorni

- Il Catalogo delle Donne

- Lo scudo di Eracle

- I Precetti di Chirone

- L'astronomia

- Egimio

- Melampodia

- Catabasi di Piritoo

- Le Nozze di Ceice

- I Dattili Idei

- Le Grandi Opere

- Ornitomanzia

La Poetica di Esiodo

Esiodo risulta essere il primo Poeta greco a tentare di mettere per iscritto l'antica mitologia teologica e a farlo con la consapevolezza di essere un poeta vate.

Fino ad allora nessuno aveva provato ad introdurre un concetto teologico e teogonico (*Teogonia*), affiancandolo ad un complemento etico (*Le Opere e i Giorni*), il che pone in risalto l'evidente complementarità delle due opere principali di Esiodo (insieme al catalogo delle donne con la Teogonia).

É stato definito *"il poeta degli umili"*: egli, infatti, compone un'opera, *Le Opere e i Giorni*, che suona come una critica contro l'inerte oziosità dell'aristocrazia, per la prima volta dando spazio ai ceti inferiori nella poesia epica greca.

In modo similmente originale, Esiodo configura l'attività poetica: mentre l'epica tradizionale era oggettiva e impersonale, senza un autore dichiarato, Esiodo porta l'epica verso un orizzonte a noi più vicino e comprensibile: egli si dichiara, infatti, poeta e rende la poesia soggettiva e personale, conferendole un'individualità storica.

Se l'epica tradizionale aveva una funzione edonistico-pedagogica, in Esiodo la poesia acquista un timbro schiettamente didascalico: Esiodo si fa maestro di sapienza, poeta vate, sicché la poesia diviene magistero sapienziale, ponendo le basi di una radice ineliminabile nella cultura occidentale.

Esiodo è un poeta epico, e quindi la sua lingua è quella dell'*epos*, condizionata già dall'uso dell'esametro, anche se è riscontrabile qualche eccezione, con forme che rimandano ai dialettalismi locali, più presenti nelle *Opere*: ovviamente, data la posizione eolica della Beozia (dove le opere esiodee sono composte), sono più presenti gli eolismi rispetto all'epos omerico.

Lo stile formulare è variegato: molte, difatti, le formule prettamente omeriche o costruite su di esse.

lo stile di Esiodo è oscillante fra una tonalità ieratica e una popolareggiante, presentandosi come fortemente scorciato e lapidario.

La grandezza di Esiodo è testimoniata dal fatto che egli è parimenti abile nel delineare scene di genere, magari tracciate con una sorta di gusto oleografico, quanto nel condensare affreschi tipicamente epici.

Esiodo sostanzialmente, dunque, transcodifica il linguaggio omerico, manipolandolo in rapporto alle sue necessità contingenti, oppure, innovando decisamente, segue la strada della neoformazione, inventando un nuovo lessico e nuove immagini.

LA THEOGONIA

Proemio

PROEMIO

Cominciamo il canto dalle Moûsai elicònie,
che possiedono il grande e divino monte di
Helikón
e danzano con i teneri piedi intorno alla
fonte scura
e all'altare del possente figlio di Krónos;

bagnate le delicate membra nel Permessós,

nell'Hippokrḗnē o nel divino Olmeîos,

7   esse intrecciavano danze belle e soavi

e si muovevano con piedi veloci.
Da qui levandosi, nascoste da veli di
nebbia,
si muovevano di notte, innalzando la loro
bella voce,

celebrando Zeús aigíokhos e Hḗra argeíē,

la pótnia, dagli aurei calzari,

e la figlia di Zeús aigíokhos, Athēnâ
glaukṓpis,

14   e Phoîbos Apóllōn, e Ártemis saettatrice,

e Poseidōn Ennosígaios, signore della
terra,
e Thémis veneranda, Aphrodítē dai begli
occhi,

Hḗbē dall'aurea corona, la bella Diṓnē,

Lētṓ, Iapetós e Krónos dai torti pensieri,

Ḗós, Hélios il grande e Selḗnē splendente,

Gaîa, il grande Ōkeanós e la nera Nýx,

31

21 e la sacra stirpe degli altri immortali, che vivono eterni.

Esse una volta insegnarono a Hēsíodos un canto bello,
mentre pasceva gli armenti sul divino Helikón;
le dee rivolsero a me per primo questo discorso,
le Moûsai olympiádes, figlie di Zeús aigíokhos:
"Pastori avvezzi ai campi, mala stirpe, schiavi del ventre,
noi sappiamo dire molte menzogne simili al vero;
28 ma poi, quando vogliamo, sappiamo narrare anche il vero".
Così dissero le figlie del grande Zeús, abili nel parlare;
e come scettro mi diedero un ramo d'alloro fiorito,
dopo averlo staccato, meraviglioso; mi ispirarono
il canto divino, perché cantassi ciò che sarà e ciò che è;
mi dissero di cantare la stirpe degli dèi immortali,
e loro stesse, al principio e alla fine del canto.
35 Ma perché questi discorsi sulla quercia e sulla roccia?
Orsù, dalle Moûsai cominciamo, che rallegrano l'eccelsa mente
di Zeús padre quando intonano i loro inni in Ólympos,
e dicono le cose che furono, che sono e che saranno,
con voce concorde; e instancabile scorre dalle loro bocche
la voce soave. Ride la casa del padre Zeús tonante,

quando si diffonde la voce delicata delle
dee;

42 e risuona la vetta nevosa di Ólympos,

dimora degli immortali. Ed esse, levando
la divina voce, per prima cantano la stirpe
degli dèi
dei primordi, che Gaîa ed Ouranós profondo
generarono,
e gli dèi che da questi nacquero,
dispensatori di beni;
e dopo cantano Zeús, padre degli uomini e
degli dèi,
che esse celebrano all'inizio e alla fine dei
loro canti,

49 quanto egli sia il più potente e il più forte dei
numi;
cantano poi la progenie degli uomini e dei
giganti;
le Moûsai olympiádes, figlie di Zeús
aigíokhos,
rallegrano così la mente di Zeús in
Ólympos.
Mnēmosýnē, che regnava sui campi di
Eleútheros,
le generò nella Pierìa, unendosi al figlio di
Krónos
perché fossero di consolazione per i mali e
tregua per le cure.

56 Per nove notti Zeús prudente si unì a lei,

ascendendo il letto sacro all'insaputa
degl'immortali.
Ma quando un anno fu trascorso e si
volsero le stagioni,
i mesi si consumarono e molti giorni furono
compiuti,

ella partorì nove fanciulle di animo eguale,

che amano il canto e hanno il cuore privo di affanni,
non molto lontano dai picchi nevosi di Ólympos;

63 qui intrecciano i loro cori, qui hanno dimora,

e presso di loro stanno le Chárites e Hímeros,
in festa. Ed esse, levando dalla bocca la voce amabile,

cantano le leggi universali ed i sacri costumi

dei numi, l'amabile voce elevando.

Fiere della loro voce, esse giunsero in Ólympos
con l'immortale canto; e la terra nera risuonava
70 ai loro inni, ed amabile un suono si alzava sotto i loro piedi,
mentre incedevano verso il padre, che regna in cielo,
signore del tuono e della folgore fiammeggiante,
che con la forza vinse il padre Krónos e a ciascuno
degli immortali assegnò equamente e distribuì gli onori.
Questo cantavano le Moûsai che abitano le dimore olimpie,

le nove figlie nate dal grande Zeús,

77 Kleió ed Eutérpē e Thalía e Melpoménē,

Terpsichórē ed Eratő e Polýmnia e Ouranía,

e Kallíopē, che è la più illustre di tutte.

Ella infatti accompagna ogni onorato sovrano;

costui venerano le figlie di Zeús il grande,
tra i re allevati dai numi, e lo guardano,
quando nasce,

e gli versano sulla lingua una dolce rugiada,

84 e dalla sua bocca scorrono dolci parole; le genti

lo guardano quando amministra giustizia

con retti giudizi; quando parla sicuro,

e con sagge parole placa le contese.

Per questo ci sono i re saggi: perché,
quando un danno
incombe sui popoli, essi sanno con sagge
parole

offrire riparazione, nell'assemblea.

91 Se costui va tra le genti, lo rispettano al pari
di una divinità,
con dolce reverenza, poiché fra tutti si
distingue.

Tale è delle Moûsai il dono per gli uomini.

Infatti, per volere delle Moûsai e di Apóllōn
lungisaettante

sulla terra ci sono gli aedi e i citaristi;

i re esistono per volontà di Zeús. Beato il
mortale
caro alle Moûsai: a lui fiorisce dalle labbra
la voce;

98 se vi è qualcuno che, per gli affanni del
cuore,
di cordoglio ha pieno lo spirito, quando un
aedo
ministro delle Moûsai canta le gesta degli
uomini antichi

e gli dèi beati che abitano sede di Ólympos,

subito egli dimentica i dolori, né i lutti
rammenta, poiché lo allietano i doni delle
dee.

Salve, o figlie di Zeús, donatemi l'amabile
canto;

105 celebrate la stirpe degli immortali che
vivono eterni,
che nacquero da Gaîa, da Ouranós stellato
e dalla buia Nýx;
e quelli che furono nutriti da Póntos
salmastro.
Ditemi come all'inizio ebbe origine la terra
ed i numi,

i fiumi ed il mare che irato si gonfia, infinito,

gli astri splendenti e l'ampio cielo;

come nacquero gli dèi dispensatori di beni,

112 come si divisero i beni e si spartirono gli
onori,
come ottennero all'inizio Ólympos dai molti
recessi.
Ditemi questo, o Moûsai che avete dimora
in Ólympos,
chi per primo tra loro venne alla luce in
principio.

Le prime quattro essenze:
Chaos, Terra, Tartaro, Amore

i figli del Chaos Dunque per primo fu Cháos; e dopo

Gaîa dall'ampio petto, sede perenne e
sicura di tutti
gli immortali che possiedono la cima nevosa
di Ólympos,

119 e Tártaros nebbioso nei recessi della terra
dalle ampie vie,

poi Érōs, il più bello di tutti gli immortali,

che rompe le membra e doma nel petto
ogni volontà
e ogni saggio consiglio di tutti gli uomini e
gli dèi.

i figli di Nýx ed
Érebos Dal Cháos nacquero Érebos e la nera Nýx;

da Nýx provennero Aithḗr e Hēméra,

che lei concepì unita in amore con Érebos.

i figli di Gaia
126 Gaîa per primo generò, simile a sé,

Ouranós stellato, perché l'avvolgesse tutta

e fosse per gli dèi una sede sicura per
sempre;
generò gli alti monti, grato soggiorno per le
Nýmphai divine,
che hanno dimora nei monti ricchi di
anfratti;

generò Póntos, mare infecondo,

di gonfiore furente, ma senza gioia d'amore.

I Titânes Poi, giacendo con Ouranós, generò
133 Ōkeanós dai gorghi profondi,

Koîos, Kriós, Hyperíōn, Iapetós,

Theía, Rhéa, Thémis, Mnēmosýnē,

Phoíbē dall'aurea corona e l'amabile
Thētýs;
dopo di loro, il possente Krónos dai torti
pensieri venne alla luce,
il più tremendo dei figli, che ardeva di odio
contro il padre.

I Kýklōpes   Generò poi i Kýklōpes dal cuore superbo,

140   Bróntēs, Sterópēs ed Árgēs dal cuore
violento:
essi donarono a Zeús il tuono, forgiarono la
folgore.

Essi erano in tutto simili agli dèi,

ma avevano solamente un occhio in mezzo
alla fronte:
essi ebbero quindi il nome di Kýklōpes,
perché
un solo occhio rotondo avevano nella
fronte;
avevano una forza immane e perizia nelle
opere.

Gli Ekatóɲcheires
147   Da Gaîa e Ouranós nacquero altri tre figli,

grandi e forti, che nessuno osa nominare:

Kóttos, Briáreōs e Gýgēs, prole tracotante;

cento mani protendevano dalle loro spalle,

terribili; cinquanta teste crescevano a
ciascuno

dalle spalle, sulle membra massicce;

forza terribile e grande si aggiungeva
all'orrido aspetto.

Krónos evira il
padre
154   Ma quanti erano nati da Gaîa e da Ouranós,

i più tremendi dei figli, vennero presi in odio
dal padre

sin dall'inizio, e appena uno di loro nasceva,

lo nascondeva, e non lo lasciava venire alla luce,

nel seno di Gaîa. E godeva del suo piano malvagio

Ouranós. E Gaîa dentro gemeva, poiché era troppo gravata;

così escogitò un piano ingannevole e malvagio.

161 Creata l'essenza del livido adámas,

fabbricò una grande falce, poi si rivolse ai suoi figli,

con animo audace, ma afflitta nel cuore:

"Figli da me generati con un padre scellerato,

se volete obbedirmi potremo vendicare l'oltraggio del genitore,

lui che per primo rivolse il pensiero a vostro danno".

Così disse; ma tutti erano terrorizzati, né alcuno

168 parlò. Preso coraggio, il grande Krónos dai torti pensieri

rispose con queste parole alla madre illustre:

"Madre, io ti prometto di compiere l'impresa;

non mi importa di un padre esecrabile,

poiché egli per primo compì opere infami.

Così disse: e molto gioì nel cuore Gaîa prodigiosa,

e lo pose nascosto in agguato; gli mise in mano

175 la falce dai denti aguzzi e ordì l'inganno.

41

E venne il grande Ouranós, portando la notte, e desideroso
di amore si avvicinò a Gaîa e si stese tutto quanto
su di lei; ma il figlio in agguato si sporse con la mano
sinistra, con la destra impugnò la terribile falce

dai denti aguzzi e con forza tagliò

i genitali del padre, gettandoli via.

182

Ma essi non fuggirono invano dalla sua mano.

Erinýes,
Gígantes,
Melíades

Gaîa accolse tutte le gocce di sangue

che sprizzarono cruente; con il volgere degli anni,
generò le potenti Erinýes e i grandi Gígantes,
dalle armi splendenti, che lunghi dardi tengono in mano,
e le nýmphai chiamate Melíades sulla terra infinita.

Nascita di
Aphrodítē

Come ebbe tagliato i genitali con l'adámas,

189

dalla terra li gettò nel mare agitato.

Così per lungo tempo furono portati al largo;

ed intorno all'immortale membro sorse una bianca schiuma
e da essa nacque una fanciulla: dapprima giunse a Kýthēra divina,

poi arrivò a Kýpros lambita dai flutti:

lì approdò la dea veneranda e bella

e l'erba nasceva sotto i suoi morbidi piedi; gli uomini

196 e gli dèi la chiamano Aphrodítē, Kýthēreia
dalla bella corona
e Aphrogenéa, perché nacque nella
schiuma;
la chiamano Kýthēreia, perché approdò a
Kýthēra;
oppure Kyprogenéa, perché nacque a
Kýpros;
ovvero Philommēdéa perché nacque dai
genitali.
Érōs l'accompagna e Hímeros il bello la
segue,
da quando appena nata andò dalla stirpe
degli dèi.
203 Sin dal principio ella ebbe tale sorte e tale
onore,
come destino tra gli uomini e gli dèi
immortali:
le chiacchiere delle fanciulle, i sorrisi e gli
inganni,

il dolce piacere, l'affetto soave.

Ouranós
maledice i suoi Costoro, per odio, il padre li chiamò Titânes,
figli

il grande Ouranós, i figli da lui stesso
generati:
e diceva che tendendo tracotanti le braccia
avevano compiuto
210 un grande misfatto, di cui un giorno
avrebbero pagato il fio.

I figli di Nýx Nýx partorì l'odioso Móros e la scura Kḗr,

e Thánatos, Hýpnos e la stirpe degli Óneiroi

(non giacendo con alcuno li generò la buia
Nýx),

per secondo poi Mōmos e Oïzýs dolorosa,

le Hesperídes che, al di là del famoso
Ōkeanós, si prendono

cura delle mele d'oro e degli alberi che ne portano il frutto;

217 generò le Moîrai e le Kēres, che infliggono le pene:

Klōthṓ, Láchesis e Átropos, che ai mortali assegnano sin dalla nascita il bene e il male,

ed infliggono le pene agli uomini e agli dèi.

Né mai le dee placano la loro terribile ira, prima di avere inflitto la pena a chi ha peccato.
E generò anche Némesis, sciagura per i mortali;

224 la tetra Nýx, e dopo di lei Apátē, Philótes,

la rovinosa Gēras, ed Éris dal cuore violento.

I figli di Éris Poi l'odiosa Éris generò Pónos dolente,

Léthē, Limós, gli Álgoi che muovono al pianto,
le Hysmínai e le Mâchai, i Phónoi e gli Androktasíai,

Neîkos, Pseûdos, i Lógoi e gli Amphilógoi,

Dysnomía e Átē, che vanno congiunte tra loro,

231 Hórkos, che reca sciagura alle genti della grande terra
quando uno di loro non rispetta la parola data.

I figli di Póntos Póntos generò Nēreús, sincero e verace,

il più anziano tra i figli. Lo chiamano il vecchio,

perché non inganna, è benigno,

ha sempre nell'animo la giustizia ed i miti consigli.

Poi si unì Gaîa e generò Thaûmas il grande,

238 Phórkys, Ketố dalle belle guance,

Eúrybia, che nel suo petto ha un cuore di adámas.

Le Nēreḯdes Nel mare infecondo, da Nēreús e Dōrís dalle belle chiome

(figlia di Ōkeanós, il fiume eccelso)

nacquero delle figlie, invidia per altre dee:

Prōthố, Eukrántē, Saố e Amphitrítē,

Eudốra, Thétis, Galếnē e Glaúkē,

245 Kymothóē, Speiố veloce e l'amabile Thalíē,

Pasithéa, Eratố, Euníkē dalle braccia di rosa,

Melítē graziosa, Euliménē, Agauế,

Dōtố e Prōthố e Férousa e Dynaménē,

Nēsaía, Aktaía e Prōtomédeia,

Dōrís, Panópē e Galáteia la bella,

Hippothóē l'amabile e Hipponóē dalle braccia di rosa,

252 Kymodókē che placa facilmente i flutti

del mare nebbioso, insieme a Kymatolégē

e ad Amphitrítē dalle belle caviglie;

e poi Kymố, Ēiónē, Halimếdē dalla bella corona,

45

Glaukonómē amica del riso e Pontopóreia,

Leiagóra, Euagóra e Laomédeia,

Poulynóē, Autonóē e Lysiánassa,

²⁵⁹ Euárnē di natura amabile e dalla figura perfetta,
Psamáthē dal corpo grazioso e la divina Meníppē,

Nēsó, Eupómpē, Themistó, Pronóē

e Nēmertés, che ha il cuore simile al suo padre immortale.
Queste sono le cinquanta valenti figlie

di Nēreús, immune da biasimo.

I figli di Thaûmas di Ēléktra
Thaûmas sposò Ēléktra, la figlia di Ōkeanós

²⁶⁶ dai gorghi profondi; questa generò la veloce Îris

e le Hárpyiai dalle belle chiome, Aellṓ e Okypétē,
che seguono il soffio dei venti e gli uccelli in volo,

con ali veloci, librandosi in alto.

I figli di Ketó e di Phórkys
Ketṓ partorì a Phórkys le Graîai dalle belle guance,

vecchie sin dalla nascita; gli dèi immortali

e gli uomini che si muovono sulla terra le chiamano Graîai,

²⁷³ Pemphrēdṓ dal bel peplo ed Enyṓ dal peplo di croco;
e le Gorgónes, che hanno dimora al di là del famoso Ōkeanós,

verso la notte, agli estremi confini, dove
sono le Hesperídes
dalla voce acuta: Sthenó, Euryálē e
Médousa dal triste destino;
le prime due erano immortali e sempre
giovani,
mentre l'ultima era mortale: con lei si unì, su
un morbido prato
tra i fiori di primavera, il nume dalla chioma
azzurrina.

280 E quando Perseo le recise la testa dal collo,

balzò fuori Chrysáōr il grande e Pégasos.
Tale fu la causa del loro nome, poiché
questi nacque presso
le sorgenti di Ōkeanós, mentre quello aveva
un'aurea spada tra le mani.
Quindi volò, lasciando la terra madre di
greggi,
giunse tra gli immortali, nella dimora di
Zeús,
portando al prudente nume il tuono e la
folgore.

I figli di Kalliróē Chrysáōr si unì con Kalliróē, figlia di
287 Ōkeanós,

e generò il tricefalo Geryōneús.

Questi fu ucciso dal forte Hēraklēs,

in Erytheía battuta dai flutti, vicino ai buoi
dal torto piede,
proprio il giorno in cui, dopo avere
attraversato Ōkeanós,
egli condusse i buoi dalla larga fronte verso
Tíryns la sacra.

Uccise Órthros e il custode Eurytíōn,

294 nella stalla oscura, al di là dal famoso
Ōkeanós.

Costei generò un altro mostro invincibile, per nulla

simile agli uomini o agli dèi immortali,

nel cavo di una gotta: la divina Échidna dal cuore violento,
metà fanciulla dagli occhi splendenti e dalle belle guance,

per metà serpente, terribile e grande,

astuto e crudele, al di sotto dei recessi della terra.

301 Ha dimora in una spelonca, sotto la roccia concava,
lontano dagli dèi immortali e dagli uomini mortali:
le imposero i numi di riparare in quell'illustre dimora.
Sta nel paese degli Arimói, sotto terra, la lacrimevole Échidna,
la nýmphē che non invecchia e che non muore.

La stirpe di Typhōn ed Échidna

Dicono che Typhōn, terribile, iniquo e violento,
si unì in amore con la fanciulla dagli occhi splendenti
308 e lei concepì e partorì figli dal cuore violento:
dapprima per Geryōneús generò il cane Órthros;
poi partorì un mostro terribile, più di ogni dire,
Kérberos crudele dalla voce di bronzo, il cane di Háidēs,

implacabile e forte, con cinquanta teste;

per terza generò l'Hýdra Lernaía, che conosce le lacrime,

nutrita da Héra dalle bianche braccia,

315 che ardeva di ira mai sazia conto il forte
Hēraklēs.

Il figlio di Zeús, Hēraklēs Amphitryōniádēs,

assieme al suo prediletto Iólaos la trafisse

con il bronzo spietato, per volontà di Athēnâ
predatrice.

Costei partorì Chímaira, che spira fuoco
invincibile,

immane e terribile, veloce e forte;

tre teste aveva: la prima di leone dagli occhi
ardenti,

322 l'altra di capra, la terza di serpe, di drago
possente:

davanti era leone, di dietro era drago, nel
mezzo capra,

spirava tremendo ardore di fiamme
brucianti;

il prode Bellerophóntēs e Pégasos la

uccisero.

Giacendo con Órthros, costei diede alla
luce la Sphínx funesta,

che sterminava le genti di Kádmos, e il
leone di Neméa:

questi venne nutrito da Héra, la nobile

sposa di Zeús,

329 che lo mandò nei campi nemei, come
castigo per i mortali:

qui dimorava e distruggeva le schiere degli
uomini,

che dominavano Trētos, Neméa e
Apésantos;

ma il vigore di Hēraklēs lo abbattè.

L'ultimo figlio di
Ketō e di Phórkys

Ketṓ, unita in amore con Phórkys,

come ultimo figlio generò un orrido
serpente, che nei recessi

49

bui della terra custodisce con le sue grandi spire le mele d'oro.

336 Tale è la stirpe di Phórkys e Ketố.

I figli di Thētýs e
di Ōkeanós:
i Potamoí

Thētýs generò i fiumi turbinosi ad Ōkeanós:

Neîlos, Alpheiós, Ēridanós dai gorghi profondi,

Strymốn, Maíandros e Ístros dalle belle correnti,

Phâsis, Rhōsos e Achelōıs dai gorghi d'argento,

Néssos, Rhódios, Aliákmōn e Heptáporos,

Grếnikos, Aísēpos divino e Simóeis,

343 Pēneiós, Hérmo dalla bella corrente e Káikos,

Saŋgários il grande, Ládōn e Parthénios,

Eúēnos, Aldēskos e il divino Skámandros.

Le figlie di Thētýs
e di Ōkeanós:
le Ōkeanínes

Generò anche una sacra schiera di figlie,

che sulla terra si prendono cura degli uomini,
insieme ai fiumi e ad Apóllōn: tale destino hanno da Zeús:

Peithố e Admếtē, Iánthē ed Ēléktra,

350 Dōrís e Prymnố e Ouraníē divina,

Hippố e Klyménē, Rhódeia e Kalliróē,

Zeuxố e Klytía, Iduîa e Pasithóē,

Plēxaúra, Galaxaúra e l'amabile Diốnē,

Mēlóbosís, Thóē e la bella Polydóra,

Kerkēís dalla bella figura e Ploutó dagli occhi di bue,

Persēís, Iáneira, Akástē e Xanthé,

357 l'amabile Petraía, Menesthó ed Eurôpē,

Métis, Eurynómē e Telestó dal peplo di croco,

Chrysēís, Asía e l'amabile Kalypsó,

Eudóra, Týchē, Amphiró, Ōkyrróē

e Stýx, la più illustre di tutte.

Queste sono le divine figlie di Ōkeanós e Thētýs;

ma ce ne sono molte altre:

364 infatti le Ōkeanínes dalle sottili caviglie sono tremila,

sono numerose e sparse in ogni dove,

sulla terra o negli abissi del mare, radiosa prole divina.
Ed altrettanti sono i fiumi dalle rumorose correnti,

figli di Ōkeanós e di Thētýs, la signora.

È arduo per un mortale nominarli tutti,

ma chi ha dimora presso di loro li conosce.

I figli di Theía e di Hyperíōn371 Theía, il grande Hélios, la lucente Selénē

ed Ēós, che risplende per i mortali

e per gli immortali, signori dell'ampio cielo,

51

generò, unita in amore con Hyperíōn.

I figli di Kriós e di Eúrybia

Divina tra le dee, Eúrybia si unì in amore con Kriós

e generò Astraîos grande e Pállas,

e Pérsēs, che sovrasta su tutti per il suo sapere.

I figli di Ēós e di Astraîos 378

Ēós partorì ad Astraîos i venti gagliardi:

lo splendente Zéphiros, Boréas dalla rapida corsa
e Nótos: lei dea, congiunta in amore con un nume.
E dopo di loro, la dea del mattino diede alla luce l'astro Heōsphóros
e gli Ástra, le splendenti stelle di cui il cielo è coronato.

I figli di Stýx e di Pállas

Stýx, figlia di Ōkeanós, unita in amore a Pállas,

generò Zēlos e Níkē dalle belle caviglie;

385 e generò Krátos e Bía, figli celebri,

che non hanno mai dimora lontani da Zeús,

né mai si allontanano, se il nume non lo ordina,
ma stanno sempre vicini a Zeús, il signore della folgore.
Così infatti decise Stýx, l'immortale Ōkeanínē,

il giorno in cui l'olimpio folgoratore

chiamò in Ólympos gli dèi immortali, e promise

392 che non avrebbe privato degli onori

chi avesse combattuto i Titânes

(gli avrebbe anzi conservato il retaggio tra i
numi immortali).

E chi non aveva avuto onori da Krónos,

ne avrebbe avuti secondo giustizia.

Stýx immortale fu la prima a giungere in
Ólympos
insieme ai suoi figli, secondo il volere del
padre.

399 E Zeús la onorò, le diede larghissimi doni,

fece sì che gli dèi giurassero in suo nome,

e prese ad abitare con lui i suoi figli.

E così a tutti mantenne quanto aveva
promesso;

egli ha sommo potere fra tutti e comanda.

I figli di Phoíbē e
di Koîos
Phoíbē ascese il dolcissimo letto di Koîos

e poi, per l'amore di un nume, concepì e
generò

406 Lētṓ la dolce dal peplo azzurro,

benigna con gli uomini e con gli dèi
immortali,
mite sin dalla nascita, dolcissima in
Ólympos.

Generò anche l'illustre Astería, che Pérsēs

condusse nella sua grande casa, per farla
sua sposa.

Inno a Hekátē
Costei concepì e generò Hekátē, che fra
tutti
Zeùs Kronídēs onorò e a cui diede illustri
doni:

413 che potesse essere onorata sulla terra,

sul mare infecondo e anche nel cielo
stellato;

dagli dei immortali è sommamente onorata.

E infatti anche ora, quando qualcuno degli
uomini
che abitano la terra fa sacrifici secondo le
leggi,
invoca Hekátē; e grande onore lo
accompagna,
se la dea benevola accoglie le sue
preghiere;

420   a lui ricchezza concede, perché grande è il
suo potere.

Infatti, la dea partecipa degli onori e dei
privilegi
di quanti nacquero da Gaîa e da Ouranós e
ricevettero doni;
Il Kronídēs non la privò con violenza degli
onori
che aveva ottenuto fra i Titânes, i primi degli
dei,
ma ella li possiede, come fu all'inizio della
spartizione;
né ricevette doni minori in quanto figlia
unica:

427   ella ha molto potere in terra, nel cielo

e nel mare, perché Zeús le fa onore.

Ella sta vicino a chi vuole proteggere e
molto gli giova;

nel tribunale siede presso i re rispettati

e nell'assemblea tra le genti fa brillare i suoi
protetti;
quando gli uomini si armano alla guerra
assassina,

la dea assiste, benigna, chi intende

434 onorare della vittoria e coprire di gloria;
benigna assiste anche i cavalieri, quando
vuole;
aiuta gli uomini quando gareggiano negli
agoni:
la dea li assiste e li soccorre, sta presso di
loro;
e chi con forza e vigore consegue vittoria,
ottiene
bello il premio e copre di gloria la famiglia.

E quanti lavorano nel mare tempestoso

441 invocano Hekátē ed Ennosígaios che
profondo rimbomba:
con facilità la nobile dea fornisce una preda
abbondante,
o la porta via appena essa appare, se così
vuole il suo cuore.

E con Hermēs benigna nelle stalle fa
crescere le greggi,
le schiere dei buoi e i branchi grandi di
capre
e i branchi di lanose pecore, se così vuole il
suo cuore,
da piccoli li fa grandi e da molti li riduce a
pochi.

448 Così, per quanto sia nata unigenita da sua
madre,

fra tutti gli immortali è onorata di doni;

il Kronídēs la fece nutrice di giovani, i fedeli
che videro
con gli occhi la luce dell'aurora
onniveggente.
Così fu, fin dall'inizio, nutrice di giovani e
questi i suoi onori.

I Cronidi

I CRONIDI

I figli di Krónos e di Rhéa Rhéa, congiunta a Krónos, partorì illustri figli:

Hestía, Dēmétēr e Héra dagli aurei calzari,

455 il forte Háidēs che ha la dimora sotto terra,

spietato nel cuore, Ennosígaios che profondo rimbomba
e Zeús, saggia mente, padre degli uomini e degli dèi:

sotto il suo tuono trema l'ampia terra.

Ma il grande Krónos inghiottiva i suoi figli,

appena ciascuno dal ventre della sacra madre arrivava alle ginocchia;
ciò escogitava affinché nessuno della stirpe di Ouranós

462 avesse tra gli immortali l'onore del regno:

egli aveva saputo da Gaîa e da Ouranós stellato
che era per lui destino (per quanto forte egli fosse)

essere vinto da un figlio, per volere divino.

Per questo vegliava, sempre in sospetto, e i figli
suoi divorava. E Rhéa si struggeva di crudele dolore.

Nascita di Zeús Ma quando ella stava per dare alla luce Zeús,

469 padre degli uomini e dei numi, chiese ai suoi genitori,

Gaîa ed Ouranós stellato, di darle consiglio,

perché trovassero il modo di nascondere il parto

59

del figlio caro e placare le Erinýes del padre
e dei figli, inghiottiti da Krónos possente,
l'astuto.
Costoro la ascoltarono e accolsero la sua
richiesta
e le rivelarono quanto era stato stabilito dal
Fato

476 riguardo a Krónos sovrano e a suo figlio dal
forte cuore.
E la mandarono a Lýktos, nel ricco paese di
Krétē,

affinché desse alla luce il suo ultimo figlio,

Zeús il grande. Gaîa prodigiosa lo accolse

nel suolo ampio di Krétē, per nutrirlo ed
educarlo;
lo portò con sé durante la notte ombrosa e
giunse rapida
dapprima a Lýktos; e qui lo nascose con le
sue mani,

483 in un antro scosceso, sotto i recessi della
buia terra,

sul monte Aigaîōs dalle folte foreste.

Al sommo figlio di Ouranós, che fu il primo
sovrano degli dèi,

porse una gran pietra avvolta in fasce.

Egli la prese con le sue mani e la trangugiò
nel suo ventre,
né gli passò per la mente (sciagurato!) che,
al posto
di un sasso, suo figlio fosse rimasto
indenne

490 e che questi lo avrebbe vinto con la forza,

privandolo del trono e regnando tra gli
immortali.

Presto, la forza e le fulgide membra
del nuovo sovrano crescevano. Con il
volgere degli anni,

tratto in inganno dai furbi consigli di Gaîa,

il grande Krónos dai torti pensieri risputò la
sua prole,

vinto dalle arti e dalla forza del figlio.

497 Per prima vomitò la pietra che per ultima
aveva inghiottita;

e Zeús la fissò nella terra dalle ampie vie,

nella sacra Pythố, sotto le valli del
Parnassós,
come simbolo sacro, meraviglia per i
mortali.
Poi sciolse dai ceppi i fratelli di suo padre,
la stirpe di Ouranós,
501a Bróntēs, Sterópēs ed Árgēs dal cuore
violento,
che il padre nella sua follia aveva
incatenato.

Essi gli furono sempre grati di tale beneficio

504 e gli diedero il tuono, l'ardente saetta ed il
baleno

che prima Gaîa prodigiosa teneva nascosti;

in questi confida Zeús e comanda i mortali e
gli immortali.

61

i Giapetidi:
Atlante, Menezio, Prometeo, Epimeteo

I figli di Iapetós

Iapetós, l'oceanina, fanciulla dalle belle caviglie

sposò, Klyménē, e ascese il suo talamo.

Ed ella generò Átlas dal cuore violento,

partorì l'orgoglioso Menoítios, e Promētheús

511
versatile e astuto, ed Epimētheús senza senno,
che fu causa del male per gli uomini che mangiano pane:
egli accolse per primo nella sua casa la donna plasmata da Zeús.
Zeús onniveggente spinse nell'Érebos Menoítios

il tracotante, scagliando il suo fulmine,

per via della sua arroganza e della sua forza senza pari.
A causa del duro fato Átlas sostiene la volta del cielo,

518
al confini della terra, presso le Hesperídes dal canto sonoro;

la regge con il capo e le infaticabili braccia:

tale destino per lui stabilì Zeús accorto.

Egli legò con inestricabili lacci Promētheús mente sottile,
con legami tremendi, spingendo una colonna nel mezzo,
e sopra gli avventò un'aquila dalle ampie ali, che gli sbranava

il fegato immortale, ma questo ricresceva

525
la notte, quanto il giorno ne aveva sbranato l'uccello dalle ampie ali.
La uccise il prode figlio di Alkménē dalle belle caviglie,

Hēraklēs, che allontanò dalla sciagura

il figlio di Iapetós e lo liberò dai tormenti;

tutto ciò non contro il volere di Zeús che alto regna in Ólympos:

questi anzi volle che la gloria di Hēraklēs,

stirpe di Thēbai,

fosse maggiore di prima su tutta la terra;

532 in tal modo onorò l'illustre suo figlio

e, per quanto adirato, abbandonò il rancore che nutriva
contro Promētheús, che aveva gareggiato con lui in astuzia.

Infatti, quando la loro contesa dirimevano gli dèi e i mortali

a Mēkónē, [Promētheús], con subdola mente, spartì un bue
dopo averlo diviso, volendo ingannare la mente di Zeús.

Da una parte egli pose le carni e le interiora

539 ricche di grasso nella pelle del bue, ben coperte nel ventre,

dall'altra dispose ad arte le candide ossa

spolpate, nascoste nel bianco grasso.

E allora [Zeús], padre degli uomini e degli dei, disse:

"Figlio di Iapetós, illustre fra tutti i signori,

mio caro, con quanta ingiustizia hai fatto le parti!"
Così disse Zeús che conosce gli eterni consigli;

546 E Promētheús dai torti pensieri rispose,

ridendo sommesso, e non dimenticava le
arti dell'inganno:
"Nobilissimo Zeús, sommo tra gli dèi
immortali,
scegli la tua parte come ti suggerisce il
cuore".
Così disse tramando l'inganno; ma Zeús
che conosce gli eterni consigli
riconobbe la frode, non gli sfuggì; e nel suo
cuore
meditava sciagure contro i mortali e si
preparava a porle in essere.

553 Raccolse il bianco grasso con ambedue le
mani,
si adirò nell'animo e l'ira raggiunse il suo
cuore,
quando vide le ossa bianche del bue, frutto
dell'inganno:
da qui proviene l'usanza per cui gli uomini
bruciano
le ossa bianche sugli altari fragranti per gli
immortali.
Molto indignato, così disse Zeús adunatore
di nubi:
"Figlio di Iapetós, tu che sei maestro di ogni
cosa,

560 caro amico, non mi sfuggì la tua arte
ingannevole".
Così disse Zeús irato, il nume dagli eterni
consigli,
e da quel giorno, sempre memore della
frode,
negò ai frassini la forza del fuoco
indomabile
agli uomini mortali che hanno dimora sulla
terra.

Ma il prode figlio di Iapetós lo ingannò

e rubò il bagliore lungisplendente del fuoco
indomabile

567 e lo mise in una cava ferula di nartece.
Zeús che tuona dall'alto,
quando vide il bagliore del fuoco che
splende da lontano
in mezzo agli uomini, si addolorò nel cuore
e il suo animo si adirò:
allora, per vendicarsi, concepì un piano
malvagio per gli uomini.

L'illustre amphigýeis plasmò con la terra

l'immagine di una fanciulla virtuosa: così
volle il Kronídēs;

Athēnâ glaukôpis la ornò con una cintura e
la adornò

574 con una candida veste, sul capo le pose un
velo
ricamato con le sue mani, meraviglia a
vedersi;
sulla sua testa Pállas Athēnâ le pose
collane

di fiori, colti dall'erba appena fiorita;

l'illustre amphigýeis le pose sulla testa

un diadema d'oro che aveva forgiato per lei

con le sue mani, per far cosa grata a Zeús
padre.

581 Su di esso aveva scolpito con arte
meravigliosa
molte belve terribili, quante ne nutrono la
terra e il mare:
tante ne aveva scolpite, magnifiche e di
somma

bellezza; sembrava che avessero voce.

Dopo aver creato il male al posto del bene,

egli condusse la donna dov'erano gli altri,
numi e mortali;

ella era abbellita dagli ornamenti di Athēnâ
glaukôpis

588 e meraviglia destò tra gli dèi immortali e gli
uomini mortali,
quando essi videro la frode funesta, che
non dà scampo agli uomini.

Da lei derivò la stirpe delle donne,

da lei proviene il nefasto genere femminile,

grande sciagura per gli uomini mortali,

poiché non sono compagne della povertà
ma del lusso.

Come quando negli ombrosi alveari le api

595 nutrono i fuchi, che sono compagni di opere
malvagie:

esse per tutto il giorno si affrettano sollecite

e riempiono i candidi favi, sino al tramonto
del sole;

i fuchi rimangono dentro gli ombrosi alveari,

raccolgono nel ventre la fatica altrui;

così, a danno degli uomini, Zeús alto
tonante
pose le donne, compagne di opere
malvagie;

602 e un altro male inflisse, al posto di un bene.

Colui che fugge le nozze e le moleste opere
delle donne

non si sposa e giunge alla triste vecchiaia

privo di sostegno; nulla gli manca,

ma alla sua morte i lontani parenti

si divideranno i suoi beni; chi si sposa,

anche se trova una buona moglie, saggia nel cuore,

609 per tutta la vita bilancia il bene con il male.

Ma chi si imbatte in una schiatta funesta,

vive tenendo nel petto un dolore incessante,

nel cuore e nell'animo, e non c'è rimedio per il suo male.
Non si può ingannare il volere di Zeús, né ad esso sottrarsi;
neppure Prométheús benefico, figlio di Iapetós,
sfuggì alla sua ira; per quanto scaltro egli fosse,

616 egli fu stretto da immense catene.

La guerra fra i Cronidi e i Titani:
la Titanomachia

Quando il padre si adirò con Briáreōs,

Kóttos e Gýgēs, li strinse con saldi legami,

invidioso del loro aspetto e della loro forza
senza pari;

li spinse sotto la terra dalle ampie vie.

Ed essi stavano sotto terra, soffrendo dolori,

ai confini del mondo, alle estremità della
terra,

623 tormentati a lungo, con il lutto funesto nel
cuore.

Ma poi il Kronídēs e gli altri dei immortali,

figli di Rhéa dalle belle chiome, stretta in
amore con Krónos,
su consiglio di Gaîa li condussero di nuovo
alla luce.

La dea aveva chiaramente profetizzato

che avrebbero ottenuto fama e vittoria
grazie a loro.

Da tempo lottavano gli uni contro gli altri

630 i Titânes e quanti erano figli di Krónos,

soffrendo pene dolorose in tremende
battaglie,
gli uni dall'alto del monte Óthrys (i gloriosi
Titânes)
gli altri dalle cime di Ólympos (gli dèi
donatori di beni,
generati da Rhéa dalle belle chiome, la
sposa di Krónos).
Costoro si facevano guerra da dieci anni
interi,

gli uni contro gli altri, con animo sofferente:

73

637 non vi era termine o conclusione per l'aspra contesa,
a favore degli uni o degli altri: incerta era la sorte della guerra.

Quando venne convenientemente offerto

il néktar e l'ambrosía di cui su cibano gli dèi,

a tutti si rafforzava l'animo valoroso

quando gustavano il néktar e l'ambrosía desiderata.
Allora così parlò il padre degli uomini e degli dèi:

644 "Ascoltatemi, illustri figli di Ouranós e Gaîa,

io vi dico ciò che il cuore nel petto mi comanda.
Da troppo tempo gli dèi Titânes e i figli di Krónos

combattono faccia a faccia,

per il potere e per la vittoria.

Voi mostrate la vostra grande forza e le braccia invincibili

contro i Titânes nella battaglia funesta,

651 grati alla nostra amicizia, per la quale dopo tanto soffrire
siete giunti di nuovo alla luce dalla caligine oscura,

liberati dalle catene per nostro volere".

Così disse; e l'irreprensibile Kóttos rispose:

"O divino, quanto dici non ci è ignoto;

anche noi sappiamo che in te è senno e saggezza,

tu che fosti per gli immortali riparo dal male;

658 siamo giunti qui dalla caligine oscura,
liberi da catene, godendo di benefìci
insperati,
per tuo volere, signore, figlio di Krónos.

Per questo ora, con animo inflessibile e
volontà cosciente
difenderemo il vostro potere nella terribile
lotta,
combattendo contro i Titânes nelle aspre
battaglie".
Così disse e lo lodarono gli dèi dispensatori
di beni,
665 ascoltando le sue parole; e assai più di
prima essi desideravano

combattere; quel giorno, ingaggiarono

una terribile battaglia tutte le divinità:

femmine e maschi, Titânes e figli di Krónos,

nonché coloro che Zeús aveva condotto alla
luce dall'Érebos
(terribili, gagliardi, dotati di immenso
vigore);

cento braccia si alzavano dalle loro spalle,

672 allo stesso modo per tutti, e cinquanta teste

crescevano dalle spalle di ciascuno, sulle
forti membra.

Essi diedero battaglia contro i Titânes,

stringendo rocce scoscese nelle forti mani.

Dall'altra parte, i Titânes risoluti
rinforzavano le schiere

e gli uni e gli altri mostravano la potenza del braccio,

con grandi gesta; terribilmente riecheggiava il mare infinito,

679 la terra rimbombava e il cielo ampio squassato gemeva;

il grande Ólympos tremava sin dalle radici

sotto la furia dei numi, il tremore e il rimbombo

dei colpi violenti e della grande battaglia

giungeva sino al Tártaros oscuro.

Gli uni scagliavano contro gli altri colpi luttuosi

E giungeva al cielo il grido di entrambi i contendenti,

686 che si urtavano con grande fragore.

Ma Zeús non trattenne la sua furia,

il suo cuore si riempì di forza, manifestò tutto

il suo vigore; dal cielo e da Ólympos

scagliava i lampi senza mai fermarsi,

lanciava tuoni e fulmini con le sue forti mani

che roteavano più volte la fiamma divina;

693 e attorno la terra feconda bruciava,

gemevano nel fuoco i boschi infiniti;

ardeva la terra, i flutti di Ōkeanós

e il mare infecondo; una nebbia rovente avvolgeva

i Titânes figli della terra e giungeva alle nubi
divine;
il bagliore dei fulmini e dei lampi
li accecava (per quanto forti essi fossero).

700 Un incendio infinito avviluppava il Cháos:
per la vista delle pupille e l'udito delle
orecchie
come quando Gaîa e il vasto Ouranós di
sopra
si accostavano: tanto si alzava il frastuono

a causa della guerra tra gli dèi
che pareva la terra franasse e il cielo
crollasse.
Venti e polvere turbinavano in alto;

707 il tuono, il lampo e la folgore fiammeggiante

del grande Zeús portavano strepiti e grida
in mezzo agli uni e agli altri; un fragore
terribile
proveniva dalla tremenda lotta: tale la forza
delle loro gesta.
Infine le sorti della guerra mutarono: prima
di allora
i contendenti avevano affrontato fieri
combattimenti.

Per primi mossero di nuovo battaglia

714 Kóttos, Briáreōs e Gýgēs mai sazio di
guerra,
che lanciavano trecento massi dalle braccia
vigorose
senza fermarsi mai e ricoprivano i Titânes
con i loro colpi;

dopo averli domati con il braccio (per
quanto essi fossero fortissimi)
li sprofondarono sotto la terra dalle ampie
vie

e li avvinsero in dure catene; finirono

tanto nel profondo della terra, quanto il cielo
è lontano dalla terra,

721 (tanto il Tártaros oscuro è lontano dalla
terra): un'incudine di bronzo,
cadendo dal cielo per nove giorni e nove
notti, giungerebbe
sulla terra il decimo giorno; ugualmente il
Tártaros oscuro
dista dalla terra: un'incudine di bronzo,
cadendo dalla terra
per nove giorni e nove notti, giungerebbe
nel Tártaros il decimo giorno.

Il Tártaros Intorno al Tártaros si avvolge un recinto di
bronzo; la notte

lo circonda con tre giri: di sopra

728 sorgono le radici della terra e del mare
infecondo.

In questa caligine oscura, stanno rinchiusi i
Titânes,

per il volere di Zeús adunatore di nubi,

in un'oscura regione all'estremo dell'ampia
terra.

Essi non possono uscire perché Poseidōn
vi pose

intorno una muraglia e delle porte di bronzo.

Quivi hanno dimora Gýgēs, Kóttos e
Obriáreōs

735 magnanimo, custodi fedeli di Zeús
aigíokhos.

Qui vi sono le radici ed i confini

della buia terra e del Tártaros oscuro,

del mare infecondo e del cielo stellato:

luoghi oscuri e penosi, che anche gli dèi hanno in odio,

voragine enorme; chi vi entrasse dentro,

neanche dopo un anno potrebbe giungere sino in fondo,

742 ma verrebbe trascinato da tempesta a tempesta,

crudelmente; tale prodigio risulta terribile

persino per gli dèi immortali. Qui si innalza la casa

di Nýx oscura, avvolta da nuvole.

Di fronte ad essa, il figlio di Iapetós

regge saldo con il capo e le braccia infaticabili la volta del cielo

là dove Nýx e Hēméra si avvicinano

749 e si salutano, varcando alterni la porta di bronzo,

l'uno per entrare e l'altra per uscire;

la casa non li accoglie mai entrambi assieme:

sempre uno dei due sta fuori della casa

e percorre la terra, mentre l'altro sta dentro

e attende l'ora del suo viaggio.

Uno reca ai mortali la luce che splende lontano,

756 Nýx funesta ricoperta di nubi

porta con sé Hýpnos, fratello di Thánatos.

Qui hanno dimora i figli di Nýx oscura,

Hýpnos e Thánatos, numi terribili;

mai li guarda con il suoi raggi Hélios
splendente,
né quando ascende il cielo né quando
discende.

Di costoro, Hýpnos mite sorvola la terra

763 e l'ampio dorso del mare, dolce per gli
uomini;
Thánatos spietato ha il cuore di ferro e
l'animo di bronzo;

quando ghermisce una volta un mortale,

non lo lascia più; la detestano anche gli
immortali.

Sorge qui la dimora del dio degli inferi,

di Háidēs possente e della terribile
Persephónē;
un cane tremendo e spietato monta la
guardia,

770 possiede un'astuzia crudele: fa le feste

con la coda e con le orecchie a chi entra,

ma poi non lo fa uscire più e sbrana

chi tenta di varcare la soglia della dimora

di Háidēs possente e della terribile
Persephónē.

Stýx   Abita qui la dea odiosa ai numi immortali,

Stýx tremenda, la figlia maggiore di
Ōkeanós,

777 che volge i suoi flutti: dimora lontana dagli
dèi,
in una casa illustre ricoperta di pietre; si
erge
su colonne d'argento che toccano il cielo.

Di rado Îris messaggera dai piedi veloci, la
figlia di Thaûmas,

si aggira sul dorso infinito del mare,

quando sorge lite o contesa tra gli
immortali.

Se qualcuno dei numi immortali dice il falso,

784 Zeús manda Îris a raccogliere in un calice
d'oro
(giuramento solenne) la celebre acqua
gelida
che scaturisce da una roccia alta e
scoscesa;
attraverso la notte scorre in grande
abbondanza,

sotto la terra dalle ampie vie, un braccio

del fiume Ōkeanós (la decima parte di esso;

gli altri nove scorrono sopra la terra e
l'ampio

791 dorso del mare sfociando in rivoli
d'argento).
Uno solo scorre dalla roccia, grande rovina
per gli dèi:
perché quello fra gli immortali che abitano in
Ólympos nevoso

che dice spergiuro dopo averla bevuta

resta senza respiro, sin a quando non sia
trascorso un anno,

né può avvicinarsi al nettare e all'ambrosia,

798 su nutrimento, ma giace senza respiro e senza parola
su un giaciglio, gravato da un torpore maligno.
Poi, quando è trascorso un anno e il morbo è finito

si passa ad un'altra pena ancora più grave:

per nove anni lo spergiuro rimane lontano dagli dèi eterni,
non prende parte ai loro consigli, né ai loro banchetti,
per nove anni interi: al decimo torna di nuovo
alle assemblee dei numi che abitano in Ólympos:

805 tale il valore, per i numi, del giuramento fatto
sull'eterna acqua dello Stýx, che scorre attraverso le rocce.

Le radici e i confini della terra

Qui vi sono le radici ed i confini

della buia terra e del Tártaros oscuro,

del mare infecondo e del cielo stellato:

luoghi oscuri e penosi, che anche gli dèi hanno in odio.
Qui vi sono le porte di marmo e la soglia di bronzo,

812 immutabile, piantata sopra lunghe radici, cresciuta
spontaneamente; dinanzi ad essa, lontano da tutti gli dèi,
al di là del Cháos tenebroso, hanno dimora i Titânes.

Sul fondo di Ōkeanós abitano

gli illustri ministri di Zeús altisonante:

Kóttos, Gýgēs e il valente Briáreōs,

che Ennosígaios che profondo rimbomba
volle come suo genero

819 e gli diede sua figlia Kymopóleia in sposa.

Giove Stermina Tifone: La Tifonomachia

Dopo che Zeús scacciò dal cielo i Titânes
Gaîa prodigiosa, unita in amore con il
Tártaros
(per volere di Aphrodítē), generò come
ultimo figlio Typhōn:
le braccia del forte nume erano adatte ad
imprese
vigorose, i suoi piedi erano instancabili;
dalle spalle
gli nascevano cento teste di serpente, di
orribile drago

826 dalle lingue vibranti; nelle sue teste orribili,

dagli occhi (sotto le ciglia) ardevano
fiamme;
un fuoco gli brillava dallo sguardo, da tutte
le teste,

che promanavano suoni

ed emettevano voci di ogni sorta;

ora risuonavano sì da essere intese solo dai
numi;
ora invece mandavano muggiti di toro
superbo, di immenso vigore;
833 ora si udiva il verso di un leone dal cuore
violento;
poi le voci sembravano guaiti di cani,
meraviglia ad ascoltarli;
alla fine si udivano boati, che echeggiavano
tra le grandi montagne.

Quel giorno Typhōn avrebbe compiuto
un'impresa tremenda
e sarebbe divenuto il signore dei mortali e
degli immortali,
se non fosse intervenuto il padre degli
uomini e degli dèi:
egli scatenò il tuono, tremendo e forte;
terribilmente

840 rimbombarono la terra tutt'intorno, il cielo ampio che sovrasta,

il mare, i flutti di Ōkeanós e gli abissi del Tártaros;

il grande Ólympos tremò sotto i piedi immortali,

mentre il suo signore muoveva alla guerra. La terra gemeva

ed un incendio divampò sul mare viola,

acceso dal lampo, dal tuono e dal fuoco del mostro,

dai venti infuocati e dal fulmine ardente.

847 Ardeva la terra, il cielo ed il mare,

onde immense infuriavano sulle rive,

per l'impeto degli immortali, tutto era un tremore infinito:
tremava Háidēs, signore delle ombre e dei morti,
e i Titânes, che stanno intorno a Krónos, nel Tártaros,
per il fragore incessante durante il terribile scontro.
Quando Zeús raccolse le forze e prese le armi,

854 il tuono e il lampo e la folgore fiammeggiante,

un colpo scagliò da Ólympos e bruciò

tutte le teste di quell'orrido mostro.

E quando quello fu vinto, domato dai colpi,

crollò a terra ferito (e Gaîa gemette);

una fiamma scaturì dal nume folgorato,

negli oscuri recessi di un'aspra montagna.

861 La terra bruciò a lungo per quei vapori

tremendi e si fondeva come lo stagno

quando lo scaldano i fabbri nel crogiuolo
perforato,

o come il ferro, il più duro di tutti i metalli,

quando è domato nei recessi dei monti dal
fuoco che arde
dentro la terra divina, per opera di
Héphaistos.
Così si scioglieva la terra per la vampa del
fuoco splendente.

868 Infine Zeús lo scagliò, furioso, nel Tártaros
immenso.

I figli di Typhôn   Da Typhōn proviene l'umida forza dei venti,

fatta eccezione per Nótos, Boréas e
Zéphiros splendente.
Questi hanno stirpe divina e sono di grande
utilità per i mortali:

gli altri soffiano vanamente sul mare;

alcuni si abbattono sul mare caliginoso

e recano danno agli uomini, portando
tempesta;

875 altri spirano e mandano in pezzi le navi,

uccidendo i naviganti, senza scampo per i
mortali

che vi si imbattono sul mare.

Altri ancora, sulla florida terra infinita

distruggono le fatiche degli uomini nati sulla
terra

e riempiono tutto quanto di polvere e di tumulto.

Dopo che gli dèi beati ebbero compiuto le loro fatiche

882 e fu decisa la lotta con i Titânes per il potere,

per i consigli di Gaîa essi decisero che Zeús

dall'ampio sguardo divenisse il re dei numi beati

e il signore di Ólympos: egli divise gli onori tra tutti gli dèi.

Il Regno di Giove e la sua discendenza

Zeús e Mêtis

Zeús, re degli dèi, dapprima prese in sposa
Mētis,
che aveva più senno di tutti gli uomini e dei
numi.

Ma quando stava già per dare alla luce

889   Athēnâ glaukôpis, Zeús le tese un agguato
con parole astute e la trangugiò nel suo
ventre,
su consiglio di Gaîa e Ouranós stellato.

Così l'avevano consigliato perché nessun
altro
tra gli dei immortali avesse il poter regale al
suo posto;
secondo il Fato, Mētis avrebbe partorito una
prole
assai saggia: dapprima la fanciulla
glaukôpis,

896   la Tritogéneia, pari di senno e di forza a suo
padre;
poi doveva generare un figlio di immenso
vigore,
destinato ad essere sovrano degli uomini e
dei numi.

Ma Zeús la inghiottì nel suo ventre,

perché la dea potesse consigliarlo sul bene
e il male.

Le Hôrai e
le Moîrai

Per seconda sposò la splendida Thémis,
che generò le Hôrai

(Eunomía, Díkē ed Eirénē fiorente)

903   che vegliano sulle opere dei mortali;

e le Moîrai, cui grande onore diede Zeús
prudente:

Klōthṓ, Láchesis e Átropos, che concedono

agli uomini il bene e il male.

Le Chárites Eurynómē, dal fulgido aspetto, figlia di Ōkeanós,
gli generò le tre Chárites dalle guance belle
gli diede:

Aglaḯa, Euphrosýnē e Thalía l'amabile;

910 dalle loro ciglia e dal loro sguardo stillava amore,
che scioglie le membra perché bello è il loro sguardo.

Persephónē Poi ascese il talamo di Dēmḗtēr, nutrice generosa,
che partorì Persephónē dalle bianche braccia;
per volere di Zeús, Háidēs la rapì alla madre.

Le Moûsai Quindi si innamorò di Mnēmosýnē dalle belle chiome,
da cui nacquero le nove Moûsai dall'aureo diadema,

917 che traggono diletto dalle feste e dalle gioie del canto.

Apóllōn e Ártemis Lētṓ generò Apóllōn ed Ártemis arciera,

bellissima prole tra tutta la stirpe di Ouranós,

unita in amore con Zeús aigíokhos.

Árēs, Hḗbē, Eileíthyia Prese per ultima in sposa Héra fiorente,

che gli partorì Árēs, Hḗbē ed Eileíthyia,

il padre degli uomini e degli dèi.

Zeús, padre di Athēnâ
924 Egli generò dalla sua testa Athēnâ glaukṓpis,

la signora, guida indomabile degli eserciti,
che eccita i tumulti ed ama le guerre e le
battaglie.

Héra, madre di Héphaistos

Senza unirsi in amore con alcuno,

Héra generò Héphaistos, lui che è valente

nelle arti tra tutta la stirpe di Ouranós.

I figli di Amphitrítē e di Poseidôn

931

Da Amphitrítē e da Ennosígaios che
profondo rimbomba
nacque Trítōn, vigoroso e grande, nume
terribile,

che ha un'aurea dimora nel fondo del mare

presso la madre ed il padre, re degli abissi.

Ad Árēs che rompe gli scudi Kýthēreia
partorì Phóbos e Deîmos,
terribili, che agitano le folte schiere degli
uomini
nella guerra cruenta con Árēs distruttore di
città,
e Harmonía, che fu consorte del
magnanimo Kádmos.

Hermês e Diónysos

938

Asceso il suo sacro talamo, Maîa, la figlia di
Átlas,

a Zeús generò Hermês l'illustre, l'araldo dei
numi.
Unita in amore con Zeús, la mortale
Semélē, la figlia di Kádmos,
diede alla luce Diónysos ricco di gioia,
l'immortale:

ora entrambi sono compresi tra i numi.

Hēraklês

Alkménē generò il forte Hēraklês,

95

945 unita in amore con Zeús adunatore di nubi.

Le spose di
Héphaistos e di
Diónysos 945

Héphaistos, l'artefice insigne amphigýeis,

ebbe in sposa Aglaḯa, l'ultima delle
Chárites.
Diónysos dalle chiome d'oro scelse come
sua florida sposa

la bionda Ariádnē, la figlia di Mínōs,

che il Kronídēs rese immortale ed
eternamente giovane.

Hēraklês e Hébē

Hēraklēs, il possente figlio di Alkménē dalle
belle caviglie,
compiute le dolorose fatiche, ebbe in sposa
Hébē,

952 figlia di Zeús e di Héra dagli aurei calzari;

la fece sua sposa in Ólympos nevoso;

dopo che ebbe compiuto le sue grandi
imprese,
egli vive beato tra gli immortali, non
conosce né morte né vecchiaia.

I figli di Hélios

L'illustre ōkeanínē Persēís, unitasi a Hélios

l'infaticabile, partorì Kírkē ed Aiḗtē sovrano.

Aiḗtē, figlio del sole che illumina il mondo,

959 sposò, per volere degli dèi, Iduîa dalle belle
guance,

figlia di Ōkeanós, fiume eccelso.

Ed ella, unitasi in amore, come disposto
dall'aurea Aphrodítē,

generò Mḗdeia dalle belle caviglie.

Le dee madri dei mortali

E ora salve a voi, che abitate le case di Ólympos,
isole e continenti, e tu mare dalle acque salate.
Adesso, Moûsai di Ólympos, dolci nel canto,

966

figlie di Zeús aigíokhos, cantate la stirpe delle dee,
quelle immortali che giacquero con uomini mortali

e generarono figli simili a dèi.

Dēmétēr, madre di Ploûtos

Dēmétēr, divina tra le dee,

unita all'eroe Iásōn nell'amore desiderato,

nel ricco paese di Krḗtē, in un solco tre volte arato,
generò Ploûtos, che benevolo percorre la terra

973

e il vasto mare; e chiunque incontra per caso,

subito lo fa ricco e gli dona abbondanza.

Le figlie di Armonía

A Kádmos, Armonía, la figlia dell'aurea Aphrodítē, generò

Inṓ e Semélē e Agauḗ dalle belle guance,

e Autonóē, che fu sposa di Aristaîos dalle belle chiome,

e generò anche Polýdōros, in Thēbai dalle belle corone.

I figli di Kallíróē

La figlia di Ōkeanós, come disposto dall'aurea Aphrodítē,

980

si unì in amore a Chrysáōr dal cuore violento;
Kalliróē partorì un figlio, Geryōneús, di tutti i mortali

il più forte. A causa dei buoi dal torto piede

venne ucciso da Hēraklēs in Erytheía,
battuta dai flutti.

I figli di Ēós A Tithōnós, Ēós partorì Mémnōn armato di bronzo,

re degli Etiopi, ed Ēmathíōn sovrano;

poi a Képhalos generò un figlio glorioso,

987 il possente Phaéthōn, in tutto simile agli dèi.

Aphrodítē, l'amica del riso, lo rapì quando era ancora
giovane ed ingenuo, nel tenero fiore della splendida giovinezza,

e lo condusse lontano, nei suoi templi sacri;

ne fece il suo ministro notturno, demone e dio.

I figli di Mḗdeia Il figlio di Aísōn, per volontà degli dèi che sempre sono,

portò via dal padre la figlia di Aiḗtē

994 (il sovrano allevato da Zeús), dopo aver compiuto
le gesta dolorose a lui imposte da un re tracotante,

il superbo Pelías, violento e brutale.

Compiute tali imprese, il figlio di Aísōn dopo molti travagli
fece ritorno a Iōlkós sulla sua rapida nave, portando con sé
la fanciulla dagli occhi belli e ne fece la sua sposa fiorente.

Unitasi a Iásōn, pastore di genti,

1001 ella generò Mḗdeios, che venne allevato tra i monti da Cheírōn
figlio di Philýra; così si compì il disegno del grande Zeús.

I figli di
Psamáthē e di
Thétis

Quanto alle figlie di Nēreús, il vecchio del mare,

Psamáthē, dea tra le dee, generò Phōkos, nell'amore di Aiakós, come disposto dall'aurea Aphrodítē.
E Thétis dai piedi d'argento, unitasi in amore con Pēleús,
diede alla luce Achilleús, che rompe le schiere, cuor di leone.

Aineías
1008

Kýthēreia dalla bella corona generò Aineías,
unita all'eroe Aŋchísēs nell'amore desiderato
sopra le vette dell'Ídē, solcato da valli e selve.

I figli di Kírkē

E Kírkē, figlia di Hélios e stirpe di Hyperíōn,

generò, nell'amore di Odysseús dal cuore paziente,

Ágrios e Latînos, forte e senza biasimo,

e Tēlégonos, come disposto dall'aurea Aphrodítē.

1015

E quelli, assai lontano, in mezzo ad isole sacre,

regnarono su tutti gli illustri Tirreni.

I figli di Kalypsố

Kalypsố, divina tra le dee, unita nell'amore desiderato,
generò a Odysseús Nausíthoos e Nausínoos.

Il catalogo delle donne

Queste le dee che, unite a uomini mortali,

generarono figli in tutto simili agli dèi.

Ora cantate la stirpe delle donne, Moûsai olympiádes,

1022

Moûsai olympiádes,dolci nel canto, figlie di Zeús aigíokhos.

99

FINE DELLA
THEOGONIA DI ESIODO DA ASCRA

NOTE DEI NOMI

All'interno del testo ho preferito utilizzare i corrispettivi nomi Greci, sebbene talvolta i nomi di talune divinità sono state utilizzate come sinonimi al dominio della loro "potestà", Ne sono un Esempio Nyx divinità della Notte, oppure Urano divinità del cielo stellato.

questo tipo di scelta è stata fatta per non sottrarre i toni enfatici che probabilmente lo stesso Esiodo ha voluto evocare all'interno del Poema.

All'interno di questo catalogo e note finali, cercherò di fare maggior chiarezza sui nomi e sui significati di alcuni modi di dire trovati all'interno del testo.

Note e modi di Dire:

1- Verso 34:

È un verso che ha dato e dà molto da fare agli interpreti. Pare che «cianciar di rupi e di querce» fosse una espressione simile, su per giú, alla nostra «menare il can per l'aia». Viveva fra gli antichi la credenza che i primi uomini fossero nati appunto da rupi e da querce. Quindi l'espressione proverbiale; parlar di rupi e di querce: 1) per chi narrando un fatto si rifacesse sempre dal principio, 2) per chi divagasse.

2- Verso 207:

Con un abuso etimologico il poeta fa derivare il nome Titani dal verbo *titaíno*, che vuol dire tendere, e poi sforzarsi a fare una cosa.

3- Verso 240:

in alcune edizioni della Teogonia i nomi delle Nereidi vengono tradotti con il nome della loro potestà:

"Salvezza, Bonaccia, Anfitrite,
Tètide, Donibella, Velocesuiflutti, Azzurrina,
Grotta la snella, Fiorente l'amabile,
Metadisguardi,
Bellavittoria dal braccio di rose, Dilettodeicuori,

Tuttadimiele vezzosa, Rifugiodeiporti, Miranda,

Regala, Solcalonda, Munifica, Regnasuicapi,

Isolabella, Spiaggia, Potenza, la braccia di rose

Mentemaretta, e Corrisuivortici tutta dolcezza,

Dòride, Girapupilla, la dolce a veder Galatea,

e Frenalonde che i flutti del mare cosperso di

nebbia

agevolmente, e i soffi del vento gagliardo

raffrena,

con Anfitrite dai vaghi malleoli, con

Placamarosi,

Maretta, e Riva bellacorona, e Signoradelmare,

e Glaucanorma amica del riso, e

Travalicaponto,

e Pianastesa, e Belladistesa, e Signoradigenti,

e Multimperia, e Scioglidaitriboli, e Liberidea,

Giuradinò, bellezza immune da pecca, ed Arena

di grazïose membra, Menippe divina, Isolina,

e Buonarotta, Prudenza, Giustizia ed

Immunedainganno,

che uguale è per finezza di mente, al suo padre

immortale.

Queste le figlie sono di Nèreo immune da

pecche:

sono cinquanta, esperte fanciulle nell'opere

egregie."

4- Verso 259:

Ettore romagnoli traduce il nome Euarnê in *Giuradinò,* Cosí da rendere il greco Εὐάρνη, tenendo conto di un antico scolio secondo il quale il nome sarebbe derivato dal giuramento che faceva chi era scampato dalla burrasca di non tornar piú in mare (ἄρνησις).

Il nostro «giuramento da marinaio».

5- Verso 281:

secondo alcune traduzioni "Crisaore" in greco vuol dire spada d'oro, o arma d'oro.

6- Verso 350:

come nel verso 240 Anche qui non si deve credere che questi nomi siano inventati da Esiodo. Erano nomi di Ninfe protettrici delle varie località. Ed erano quindi numerosissimi. Tremila, dice Esiodo, ma erano certo di piú. E giustissima è l'osservazione che il poeta fa poco piú sotto, a proposito dei fiumi: tutti questi nomi li sa bene «chi ci abita vicino». I nomi greci delle Oceanine sono i seguenti:

"E generò delle Figlie la sacra progenie, che sopra
la terra, hanno tutela degli uomini, insieme coi Fiumi,

e con Apollo: questo l'ufficio prescritto da Giove:
Süada, Ianta, Elettra, Celeste d'aspetto divino5,
Poppèa, Letizia, Rosa, Ginnetta, Ondabella,
Climène,
Dòride, Chiara, Saputa, Miranda, Giuntina,
Divina
l'amabile, Scotiàura, Biancàura, Spolina la
bella,
Rapida, Donibella, Divizia dagli occhi rotondi,
Gioiadeicuori, Biondella, Fulgenzia, Persèide,
Europa,
Petrina la vezzosa, Tenace, Potenza, Prudenza,
Asia, Doretta, Fortuna, Vittoria dal peplo di
croco,
Corrisulonda, Girasulonda, Signoradeidoni,
e, mèta al desiderio dei cuori, Calipso; e di tutte
la piú possente, Stige. Son queste d'Oceano e Teti
le piú divine figlie: però ce ne sono altre molte:
ché son le Oceanine dai lunghi malleoli tremila,
che, sparse in ogni dove, sovressa la terra, o nei
cupi
vivon del mare abissi, di Dee fulgidissime figlie.
Ed altrettanti i fiumi che strepono e corrono al
mare,
figli d'Oceano e Teti, la Dea veneranda a lor
madre.
Ma dir di tutti il nome è ardua cosa a un
mortale:

*quelli che accanto ad essi dimorano, bene li
sanno."*

7- Verso 384:
Nike in greco vuol dire Vittoria, *Zèlos* ardore, poi
emulazione, poi invidia. *Kratos* il potere, *Bia* la forza.
Questi ultimi due
stanno sempre con Zeus, ossia sono suoi
attributi.

8- Verso 541:
Il ventre del bue era una parte spregiata, si dava
ai mendichi (*Odissea*, 18, 44).
Prometeo mette da una parte la carne, chiusa
entro la pelle, e sopra il ventre, spregiato; e
dall'altra l'ossa, coperte dall'omento,
pregiatissimo. E lascia libera scelta a Zeus, che
cade in trappola.
Nel mito c'è una palese intenzione di frode, e
inefficaci sono le parole del poeta che cercano di
mascherarla.
E c'è palese incongruenza nel dire *a*) che sapeva
da prima la frode, *b*) che avvampò d'ira quando
la scoperse.

9- Verso 886:
Metis in greco vuol dire Senno (dalla stessa
radice di *mens*). L'allegoria è trasparente. Il

Signore supremo deve aver la saggezza come sposa. Tutta quest'ultima parte del poemetto è stanca, piena di doppioni e di contraddizioni con la prima, e certo per gran parte interpolata.

10- Verso 968:
Questa è proprio la forma della leggenda sulla quale s'impernia l'argomento del *Pluto* di Aristofane.

11- Verso 1004:
Psamatea vuol dire la sabbiosa: è la stessa il cui nome Ettore traduce con *Arena* nel catalogo delle Nereidi.

12- Verso 1014:
Latino figlio di Circe.

13- Verso 1020:
Questi due versi sembrerebbero appartenere alle *Eoe* o *Catalogo delle Donne*. E forse anche tutto l'ultimo brano. Ma anche inoltrarsi in queste ricerche non può dare risultati né concreti né importanti.

14- Verso 58:
"γουνοῖσιν Ἐλευθῆρος μεδέουσα" gounoîsin Eleuthē^ros medéousa· :un modo di dire che

potrebbe indicare un eccesso di fertilità

(Theodore Alois Buckley)

15- Verso 58:

Medéousa: potrebbe identificare secondo alcuni
papiri egizi, Dione o Afrodite, secondo Richard
Reitzenstein potrebbe essere qualificabile a
Demetra, Persefone o a una forma di Hecate o
alla corruzione del nome di Medusa
(Magical Hymns from Roman Egypt: A Study of
Greek and Egyptian Traditions of Divinity -
Ljuba Merlina Bortolani)

Dei e Attributi:

1. *Zeús aigíokhos*: armato dell'egida
2. *Ptonia*: signora, Grande Regina, Grande Madre
3. *Héra argeíē: argiva, Brillante*
4. Athēnâ *glaukôpis: dagli occhi azzurri, dagli occhi chiari (puo indicare il bianco quanto l'azzurro)*
5. Poseidon Ennosígaios: scuotitore della terra
6. *Eos*: l'aurora
7. *Elios*: il sole
8. *Selene*: la Luna
9. *Nyx*: la notte
10. *Okeaonos*: Oceano
11. *Gaia*: la Terra
12. *Ouranós*: il cielo stellato
13. *Pontos* : il mare
14. *Aphrodítē, Kýthēreia* : citerea che approdò a Citera
15. *Kyprogenéa* : ciprigna Afrodite poiché nata a cipro

L'autore - Biografia

L'autore dei testo del "Giovanni da Rupecisa" nome d'arte ispirato all'alchimista francescano "Rupescissa", ha iniziato la sua formazione in ambito classico e classicista fin nella più tenera infanzia, su impulso dei libri e degli autori proposti dalla famiglia, da generazioni affascinata dai poemi epici e cavallereschi, nonché dai poemi delle tradizioni spirituali dell'india classica e medioevale.

Forte anche e ugualmente determinanti furono gli studi presso le sedi vocazionali atte alla formazione al sacerdozio, tuttavia "Giovanni" preferì alla carriera sacerdotale, lo studio delle arti, della cultura e dello sport, trovando nuovamente nella Grecia Antica, la dimensione etica e spirituale a lui congeniale.

Durante gli studi universitari in ambito medico e sportivo fu attratto dal fascino degli scritti di medicina antica, e a dagli studi sull'Ermetismo, che lo fecero approdare su spunti di riflessione Alchemica, ed ad apprezzare lo spessore degli Autori del passato.

Finiti gli studi universitari, Giovanni completa e continua nel suo progetto di diffusione di cultura classica: "Templum Dianae", e partecipa attivamente all'attività rievocativa della Grecia Antica (e medioevale), portando in scena diversi spettacoli:
partecipando ad esempio come gladiatore Greco – Etrusco a Paestum, oppure riportando in scena "La danza Pirrica dei Dioscuri" all'interno della valle dei templi di Agrigento.

Da queste successione di eventi, complice l'entusiasmo per il suo progetto, e quasi un aiuto voluto dal "fato" nasce la prima opera, di Giovanni, una Traduzione dal Greco della Teogonia di Esiodo, libro che apre alla professione letteraria di Giovanni, a cui seguiranno riadattamenti di opere antiche, e testi inediti dedicati alla metafisica e alla filosofia.

Oggi

Oggi sono sempre impegnato nella mia opera di Ricerca, soprattutto in questo periodo che ritengo essere marcato da un forte decadentismo e dove tutte le opere di valore spirituale e religioso spesso peccano di pochezza e di superficialismo.

Tuttavia la mia intenzione non è quella di criticare una società o una condotta politica fortemente castrante o autoritaria, ma il mio interesse, il mio obbiettivo è quello di continuare un'opera di divulgazione inalienata, controcorrente e incentrata sui contenuti piuttosto che sulla moda o sull'apparire, fornendo alle personele chiavi per l'accesso alla felicità, che ho trovato nella saggezza degli Antichi.

εὐοῖ!

"Troverai più nei boschi che nei libri.
Gli alberi e le rocce ti insegneranno cose che
nessun maestro ti dirà."

San Bernardo da Chiaravalle.